Made in the USA
Monee, IL
18 June 2021

71668106R10066